Inundaciones, represas y diques

Joanne Mattern

VÍA INUNDADA

Rourke
Educational Media

rourkeeducationalmedia.com

www.rourkeeducationalmedia.com

PHOTO CREDITS: Front Cover: © Colin Stitt; © Marivlada; © Vladimir Melnikov, Back Cover: © ArtShare.ru; Title page © samotrebizan, Timothy Large, Melissa Brandes; Table of contents © kor; Page 4/5 © Christian Vinces, Page 4 © manit321, Page 5 © Jerry Sharp; Page 6 © Alyssia Sheik, NOAA; Page 7 © Ed Edahl/FEMA; Page 8/9 © Timothy Large; Page 9 © Melissa Brandes, Casper Simon; Page 10 © Caitlin Mirra; Page 11 © Feng Yu; Page 12/13 © Wessel du Plooy; Page 12 © ASSOCIATED PRESS, AARON RHOADS; Page 14/15 © NASA; Page 15 © Styve Reineck; Page 16/17 © Ramon Berk; Page 16 © pio3; Page 17 © B.L. Singley; Page 18/19 © Paco Espinoza; Page 19 © ChiefHira; Page 20 © Roland Zihlmann; Page 21 © Alyssia Sheikh; Page 22 © Iafoto; Page 23 © Foto011; Page 24/25 © elwynn; Page 25 © Mikhail Markovskiy; Page 26/27 © Tony Campbell; Page 27 © US Army Corps of Engineers; Page 28 © Volina; Page 29 © Iafoto, Charly Morlock www.charlymorlock.com; Page 30/31 © Igor Grochev; Page 31 © U.S. Army Corps of Engineers; Page 32 © Christian Lopetz; Page 33 © NOAA; Page 34 © Exactostock/SuperStock; Page 35 © Dean Kerr, NOAA; Page 36 © NASA; Page 37 © Carolina K. Smith, M.D.; Page 38 © NOAA; Page 39 © Marcel Jancovic; Page 40 © rgerhardt; Page 41 © NOAA; Page 43 © Markus Gebauer / Shutterstock.com; Page 44 © Monkey Business Images; Page 45 © egd

Edited by Precious McKenzie

Cover design by Teri Intzegian
Layout by Blue Door Publishing, FL
Editorial/Production Services in Spanish
by Cambridge BrickHouse, Inc.
www.cambridgebh.com

Mattern, Joanne
  Inundaciones, represas y diques / Joanne Mattern
  (Exploremos l a ciencia)
  ISBN 978-1-63155-081-2 (hard cover - Spanish)
  ISBN 978-1-62717-291-2 (soft cover - Spanish)
  ISBN 978-1-62717-477-0 (e-Book - Spanish)
  ISBN 978-1-61741-988-1 (soft cover - English)
  Library of Congress Control Number: 2014941388

  Printed in China, FOFO l - Production Company
    Shenzhen, Guangdong Province

Contenido

Cap. 1   ¿Qué es una inundación? 4

Cap. 2   Causas de las inundaciones 14

Cap. 3   Controlando el agua. 26

Cap. 4   Personas que ayudan 34

Cap. 5   Mantenerse a salvo 42

Glosario 46

Índice. 48

CAPÍTULO UNO

¿Qué es una inundación?

El agua es una de las fuerzas más poderosas de la Tierra. Cuando se controla el agua, podemos ayudar a las personas de muchas maneras. El agua puede mover las maquinarias y crear energía. Puede mover barcos y barcazas, transportando personas y mercancías por todo el mundo. La gente no podría sobrevivir sin agua para beber y para nutrir a las plantas y los animales.

A veces, sin embargo, el agua se vuelve incontrolable. Cuando esto sucede, una zona puede sufrir una inundación. Una inundación se produce cuando el agua cubre un área que es generalmente seca. La mayoría de las inundaciones ocurren naturalmente. Un río, lago u otro cuerpo de agua puede desbordarse debido a demasiada lluvia o al derretimiento de la nieve. O una tormenta puede dejar varias pulgadas de lluvia en un área, llenando las calles y casas y causando el desborde de las vías navegables.

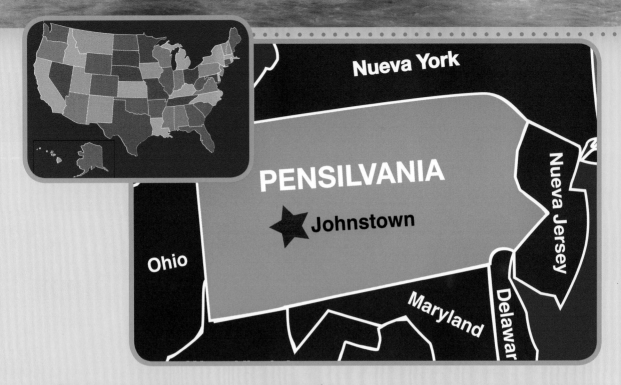

Otras inundaciones son provocadas por el hombre. La gente puede construir una presa que no es lo suficientemente fuerte como para contener el agua. O una presa pueden dañarse y romperse, liberando el agua que contiene.

En 1889, en Johnstown, Pensilvania, cayeron varias pulgadas de lluvia. La lluvia fue demasiada para la presa South Fork, que estaba a unas 12 millas (19,3 km) arriba de Johnstown. La presa colapsó, enviando una pared de agua río abajo. El agua alcanzó los 75 pies (23 metros) de altura y era lo suficientemente poderosa como para arrastrar las locomotoras del tren. Johnstown fue destruida por la inundación y murieron más de 2,000 personas.

La inundación de Johnstown destruyó 4 millas cuadradas (10 km²) del centro de la ciudad y 1,600 casas.

Algunas inundaciones tardan mucho tiempo en desarrollarse. Una tormenta podría durar días, haciendo que el nivel del agua de los ríos y arroyos aumenten con el tiempo. Después de unos días, el agua se eleva en las orillas del río e inunda la tierra de los alrededores. El derretimiento de la nieve también puede llenar los ríos y otros cuerpos de agua hasta provocar inundaciones. Los **meteorólogos** a menudo pueden advertir a la gente para que puedan proteger sus hogares e irse a un lugar seguro si es necesario.

¿Sabías que...?

A veces, incluso las zonas que no tienen un historial de inundaciones comienzan a inundarse. A menudo, este es el resultado de transformaciones nuevas del suelo que cambia las rutas de escurrimiento naturales.

Algunas inundaciones ocurren muy rápidamente. Este tipo de desastre se llama inundación repentina. Las inundaciones repentinas usualmente suceden después de una fuerte tormenta de lluvia o una tempestad. La lluvia cae tan fuerte y rápidamente que el suelo no puede absorberla. Las inundaciones repentinas son muy peligrosas porque la gente no está advertida y tiene muy poco tiempo para escapar.

¿Sabías que...?

¡Las inundaciones pueden incluso suceder en el desierto! El suelo en un desierto es generalmente muy seco y duro, así que no puede absorber la lluvia de un aguacero fuerte.

Las inundaciones del huracán Katrina destruyeron la mayor parte de Nueva Orleans y sus alrededores. Alrededor del 80 por ciento de Nueva Orleans quedó inundada.

Durante una inundación, el agua puede elevar su nivel muy rápidamente. Puede llenar las calles, lo que hace imposible que la gente conduzca. Las personas pueden quedar atrapadas en sus coches durante una inundación. Las inundaciones también pueden anegar casas y negocios, y pueden destruir propiedades y edificios. Una inundación poderosa puede mover los muebles de una habitación y perforar agujeros en las paredes.

Las inundaciones pueden destruir el sistema eléctrico de una casa y hasta provocar un incendio. Además, pueden llenar una casa de barro y **escombros** que deben ser limpiados. El agua también puede causar la formación de moho en un edificio. El moho puede provocar muchas enfermedades graves.

Las inundaciones son muy peligrosas. Incluso las personas que saben nadar pueden ser arrastradas por las aguas de una inundación. La gente también puede sufrir heridas o morir si es golpeada por escombros en el agua. Las inundaciones también pueden contener productos químicos peligrosos e incluso animales peligrosos, como serpientes y cocodrilos.

Durante siglos, la gente ha estudiado las inundaciones y han aprendido sus causas y cómo prevenirlas. Veamos algunas de las causas de las inundaciones y cómo mantener a salvo a la gente del poder del agua.

CAPÍTULO DOS

Causas de las inundaciones

Hay muchos fenómenos naturales que pueden causar una inundación. Uno de los más comunes es una tormenta. Las tormentas ocurren todo el tiempo y generalmente no causan inundaciones. Cuando llueve, el agua fluye hacia arroyos, ríos y otros cuerpos de agua. Desde allí, el agua desemboca finalmente en un cuerpo más grande de agua, como un lago o el océano. Las tormentas no son generalmente severas y no cae mucha lluvia. Los ríos y arroyos generalmente no tienen problema con pequeñas cantidades de agua.

Si ocurren lluvias torrenciales, el área alrededor de una corriente, río o lago puede inundarse. Una zona de tierras bajas y planas junto a un cuerpo de agua se llama una **llanura aluvial**. Si una llanura aluvial termina bajo el agua, esta generalmente drena hacia un río o arroyo después de un tiempo corto, causando poco daño. Sin embargo, si hay edificios u otras estructuras artificiales en la llanura aluvial, estos pueden ser dañados por el aumento del nivel del agua.

¿Sabías que...?

Las inundaciones no siempre son dañinas. Las inundaciones dejan barro rico en minerales y otros nutrientes depositado sobre el suelo. Durante muchos años, los agricultores a lo largo del río Nilo en Egipto dependían de la inundación anual del río para enriquecer el suelo y tener un buen lugar para el cultivo de las cosechas.

Los **ciclones tropicales**, también llamados **huracanes** o **tifones,** son la principal causa de las inundaciones. Estas tormentas pueden producir más de un pie (30 centímetros) de lluvia en un día. Los ciclones tropicales también tienen fuertes vientos. Estos vientos crean olas enormes en el océano, que pueden inundar las comunidades circundantes. El viento también puede batir sobre el agua de un lago, causando el desbordamiento de sus orillas.

Las **marejadas** son otro tipo de inundación peligrosa. Las marejadas ocurren durante los huracanes y tifones. Durante estas tormentas, un área de baja **presión atmosférica** se mueve sobre una parte de un océano. Esta baja presión hace que la superficie del océano suba. Cuando un huracán pasa sobre la tierra costera, el agua creciente se precipita sobre la tierra, causando una inundación que puede extenderse por kilómetros.

¿Sabías que...?

Todos los huracanes y tifones son ciclones tropicales.
Cuando se forma un ciclón tropical en el océano
Atlántico, el océano Pacífico nororiental o el Pacífico
Sur lo llamamos huracán. Pero si un ciclón tropical
se forma en el Pacífico Noroeste, lo llamamos tifón.

El desastre natural más mortífero en la historia de Estados
Unidos se produjo cuando un huracán y su marejada azotaron
Galveston, Texas, en 1900. Más de 6,000 personas murieron
cuando las olas de 15 pies (4.5 metros) invadieron la isla

Algunas inundaciones son causadas por enormes olas. Un **tsunami** es una serie de olas gigantes del océano. Los tsunamis son más comunes en el océano Pacífico. A menudo ocurren después de los terremotos o las erupciones volcánicas. Durante un tsunami, las olas se acumulan en un gigantesco muro de agua que puede llegar a 100 pies (30 metros) de altura. Cuando esta onda llega a tierra, inunda todo a su paso. En 2004, un tsunami en el océano Índico envió olas de 50 pies (15 metros) sobre Indonesia, Tailandia, Sri Lanka y la India. Más de 230,000 personas murieron y algunas ciudades y pueblos fueron borrados del mapa.

El 11 de marzo de 2011, un poderoso terremoto en el océano Pacífico frente a las costas de Japón provocó un tsunami devastador. Algunas de las olas del tsunami llegaron 6 millas (10 km) tierra adentro.

El derretimiento de la nieve también provoca inundaciones. Cuando la nieve se derrite en las montañas, fluye hacia ríos y arroyos. Si se derrite una gran cantidad de nieve en poco tiempo, los ríos y arroyos no pueden mantener tanta agua en sus causes y sus orillas se desbordan.

kota del Norte

akota del Sur

Minnesota

Wisconsin

Michigan

Iowa

Nebraska

Ohio

Illinois

Indiana

Río Mississippi

Missouri

Kentucky

¿Sabías que...?

El río Mississippi ha tenido muchas inundaciones provocadas por el derretimiento de grandes cantidades de nieve combinado con lluvias torrenciales de primavera. En 1993, el área recibió lluvia casi todos los días durante dos meses. Los ríos se mantuvieron por encima de los niveles de inundación desde mayo hasta septiembre, lo que afectó a diez estados. Más de 75,000 personas tuvieron que abandonar sus hogares durante el desastre. En la primavera de 2011, la nieve derretida y lluvias torrenciales causaron inundaciones nuevamente a lo largo del Mississippi, desde Minnesota hasta el Golfo de México.

Arkansas

Tennessee

Georgia

Río Mississippi

Mississippi

Alabama

Louisiana

Golfo de México

21

Las represas son solo una de las maneras en que los seres humanos controlan el poder del agua.

Las construcciones hechas por el hombre también pueden causar inundaciones. Durante años, la gente ha construido muchas **represas** para bloquear o controlar el flujo del agua. Un lago grande se forma detrás de las paredes de la represa. Toda esta agua ejerce mucha presión sobre las paredes. A veces, la presión es demasiado grande y causa grietas y roturas en la represa. Cuando esto pasa, una inundación enorme puede correr río abajo, destruyéndolo todo a su paso.

Vista aérea del dique de la represa Perucac, en Serbia.

Los ingenieros monitorean la solidez de las represas y diques para proteger de inundaciones a las áreas aledañas.

La gente provoca daños por inundaciones de otra manera. A menudo construyen casas muy cerca del agua. Al mismo tiempo, muchos ríos están rodeados de pantanos o campos vacíos. Estas áreas actúan como una llanura aluvial y absorben el agua de una inundación si no hay pueblos o propiedades a su alrededor. En los últimos años, sin embargo, la gente ha construido casas y negocios a lo largo de las riberas de los ríos, lagos y costas. Como resultado, cuando se produce un evento natural como una inundación o un ciclón tropical, el daño puede ser mucho peor de lo que hubiera sido años antes cuando no se habían construido en esa área.

¿Sabías que...?

Las propiedades frente al agua valen entre un 8 y un 45 por ciento más que otras propiedades.

CAPÍTULO TRES

Controlando el agua

Las personas han tratado de controlar el agua desde la prehistoria. Una de las formas que han desarrollado es mediante la construcción de represas y **diques**.

Un dique es una ribera levantada. Un dique puede ser natural, como un banco de tierra. O puede ser artificial, hecho por **ingenieros**. Los diques artificiales se hacen generalmente de bolsas de arena o tierra. Los sacos de arena funcionan porque la arena dentro de ellos se endurece cuando absorbe agua, creando una pared artificial.

Usualmente, las personas pescan o caminan junto a los diques.

Algunos diques controlan el agua para los agricultores y sus campos circundantes o protegen ciudades de las aguas de ríos crecidos.

Como un dique, una represa también puede ser natural o artificial. Las represas bloquean el flujo del agua. El agua es atrapada detrás de la represa, formando un estanque o un lago. Las represas pueden ser útiles para la prevención de inundaciones. También se utilizan para crear **depósitos** de agua potable y para administrar el agua que se utiliza para crear **energía hidroeléctrica**.

La primera represa conocida por los historiadores fue construida en el río Nilo en Egipto hace más de 5,000 años. Esta represa tenía casi 350 pies (106 metros) de ancho y fue hecha de piedras y grava. Sin embargo, la represa no se hizo bien y se destruyó después de algunos años.

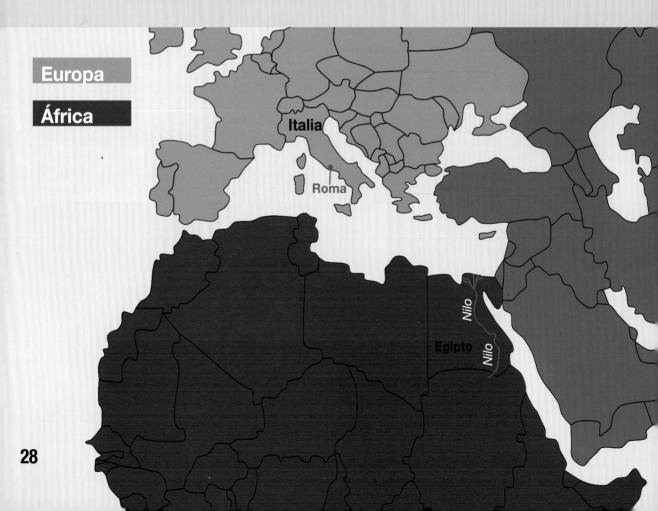

Los antiguos romanos eran excelentes constructores de represas. En lugar de utilizar tierra y piedras, los antiguos romanos construyeron sus represas de hormigón. Estas represas eran mucho más fuertes y controlaban bien el flujo de agua.

Represa de materiales sueltos

Las antiguas represas fueron llamadas represas de materiales sueltos o represas de gravedad. Estas represas funcionaban porque sus paredes eran tan anchas y densas que el agua no podía pasar a través de ellas.

Más tarde, durante el siglo XIII, los europeos inventaron la represa de arco. Este tipo de represa tiene un forma curva que la hace más estable. Las paredes de una represa de arco no tienen que ser tan gruesas como las de una represa de gravedad para contener el agua.

Represa de arco

Las represas modernas son increíbles hazañas de ingeniería. Estas represas tienen canales o **aliviaderos** que se abren para liberar con seguridad el agua extra. Estos canales drenan el agua en piletas donde permanece hasta que el nivel del agua en el río ha bajado. Luego el agua contenida se libera en el río, donde fluye segura río abajo.

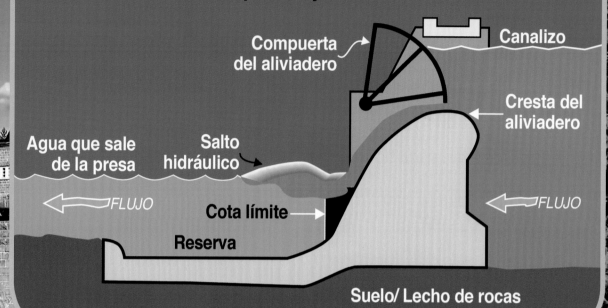

Sección transversal de un aliviadero
Compuertas y cota límite

Compuerta del aliviadero

Canalizo

Cresta del aliviadero

Agua que sale de la presa

Salto hidráulico

FLUJO

FLUJO

Cota límite

Reserva

Suelo/ Lecho de rocas

¿Sabías que...?

Las represas pueden dañarse por desastres naturales. En 1926, un terremoto sacudió la presa St Francis cerca de Los Ángeles. El dique se derrumbó, causando una inundación que mató a 600 personas. Fue uno de los peores desastres en la historia de California.

Los diques o muros, también se han utilizado durante miles de años para controlar las inundaciones. Los antiguos egipcios y sumerios utilizaban diques para el control de las inundaciones de los ríos hace unos 3,000 años.

Los diques son una herramienta importante para mantener los ríos bajo control. También pueden utilizarse para proteger las tierras de las inundaciones del océano. Uno de los sistemas de diques más famosos del mundo se encuentra en Holanda. Gran parte de Holanda está a nivel del mar o por debajo de este, y la nación ha sufrido inundaciones devastadoras. Hoy, miles de kilómetros de diques protegen a Holanda de las inundaciones.

Sistema de diques y represas de Holanda

Mar del Norte

Sur de Holanda

Brabante del Norte

Zelandia

Sin embargo, los diques no siempre funcionan. Los diques no protegieron la ciudad de Nueva Orleans durante el huracán Katrina en agosto de 2005. Durante la tormenta, se rompieron varios diques y Nueva Orleans y sus residentes fueron devastados por las aguas de la inundación.

¿Sabías que...?

Después de una terrible inundación en 1927, el gobierno estadounidense comenzó a construir diques a lo largo del río Mississippi. Hoy en día, más de 1,500 diques protegen cerca de 27,000 millas cuadradas (43,000 km) de la tierra a lo largo del río.

CAPÍTULO CUATRO

Personas que ayudan

Muchas personas estudian el clima, el agua y sus efectos sobre el medi
ambiente. Conozcamos a algunas de las personas que han hecho de las
inundaciones una gran parte de sus vidas.

Los meteorólogos son científicos que estudian el tiempo. Los
meteorólogos utilizan modelos computarizados, el **radar** y otras
tecnologías para estudiar los patrones meteorológicos y hacer predicciones
sobre las próximas tormentas y otros fenómenos meteorológicos. También
estudian imágenes de los **satélites** meteorológicos.

Los meteorólogos advierten a las personas sobre
los fenómenos meteorológicos peligrosos.

El radar Doppler registra patrones de tiempo y viento.

Las imágenes de las tormentas severas que envía el radar Doppler ayudan a la gente a encontrar refugio antes de que el mal tiempo llegue a su área.

Los satélites meteorológicos orbitan la Tierra, tomando fotos del planeta y su **atmósfera**. Estas imágenes son enviadas a estaciones meteorológicas en la Tierra, donde los meteorólogos las estudian y utilizan la información para predecir los patrones climáticos. Estas imágenes de satélite pueden mostrar cómo se desarrollan las tormentas y otros patrones de tiempo a miles de kilómetros de distancia y permiten a los científicos predecir cómo se moverán las tormentas y qué áreas afectarán.

Los satélites medioambientales de la NOAA son la principal fuente de datos que utiliza el Servicio Meteorológico Nacional para crear las predicciones meteorológicas que escuchas en la televisión o lees en Internet.

Los satélites meteorológicos utilizan la temperatura de las nubes para determinar la severidad de las tormentas.

Por ejemplo, una tormenta tropical podría formarse lejos en el Océano Atlántico. Los meteorólogos pueden estudiar los patrones de viento y la presión atmosférica para predecir que la lejana tormenta podría convertirse en un huracán que podría causar inundaciones a lo largo de la costa oriental de los Estados Unidos, diez días más tarde.

A veces, los meteorólogos arriesgan sus vidas para monitorear tormentas y proteger a las personas.

El radar es otro instrumento importante para los meteorólogos. Los meteorólogos pueden usar el radar para rastrear el camino de una tormenta y hacer predicciones sobre hacia dónde irá después. Pueden calcular qué áreas podrían recibir lluvias torrenciales y alertar a los funcionarios y otros residentes que la inundación podría ocurrir.

Los modelos computarizados calculan cuánta agua puede absorber el suelo de una llanura aluvial. Esta información les dice a los meteorólogos si una lluvia torrencial o un derretimiento de nieve podrían causar más flujo de agua en un área del que el suelo sería capaz de absorber, y la probabilidad de que una inundación ocurra.

¿Sabías que...?

Las inundaciones repentinas son difíciles de predecir, pero los científicos están trabajando para cambiar eso. El satélite Misión Tropical de Medición de Lluvias puede ver cuánta humedad hay en el suelo. Esta información advierte a los meteorólogos que un área podría inundarse si se prevén tormentas eléctricas u otros aguaceros.

Mientras que los meteorólogos predicen y realizan un seguimiento del tiempo, los ingenieros trabajan para prevenir y controlar las inundaciones. Los ingenieros diseñan represas y diques en un esfuerzo por controlar e incluso cambiar el flujo del agua. Estos científicos utilizan fórmulas matemáticas y mecánicas precisas para averiguar cómo una represa o dique debe construirse, cuán pesado y alto debe ser y dónde debe colocarse exactamente para controlar mejor un río turbulento o las olas del océano.

¿Sabías que...?

El Cuerpo de Ingenieros del Ejército de los Estados Unidos es uno de los más importantes grupos de trabajo para prevenir las inundaciones. Es un organismo federal y un comando del Ejército de unos 34,000 civiles y personal militar. El cuerpo trabaja en proyectos de ingeniería, incluyendo el diseño, la construcción y la gestión de las represas y canales en los Estados Unidos.

Después que se termina de construir una represa o un dique, se necesitan personas para supervisarla y controlarla. Los operadores miden el nivel de agua y liberan agua a través de los aliviaderos si es necesario. Los inspectores de seguridad comprueban si las represas y diques tienen grietas o áreas débiles que los podrían hacer colapsar.

A pesar de los esfuerzos de los meteorólogos, los científicos y los ingenieros, las inundaciones continúan sucediendo. Durante y después de una inundación, los trabajadores de emergencias están listos para ayudar a las personas en problemas. Muchos bomberos y policías están entrenados para el rescate en el agua. Otras agencias de emergencia, tales como la Cruz Roja, trabajan para encontrar refugio, atención médica y suministros para las personas que han perdido sus hogares y pertenencias en las furiosas aguas de una inundación.

Sin la incansable labor del personal de emergencias, se perderían muchas más vidas durante los desastres naturales.

CAPÍTULO CINCO

Mantenerse a salvo

Cuando los ríos, lagos o los océanos provocan inundaciones, pueden ocurrir desastres.

A través de los años, millones de personas han perdido sus casas y sus posesiones en las inundaciones y también se han perdido muchas vidas. Afortunadamente, hay maneras en que las personas pueden protegerse a sí mismas y mantenerse a salvo durante una inundación.

La mejor manera de prevenir daños por inundaciones es estar preparado. Si hay amenaza de tormenta, los meteorólogos dan avisos en televisión, radio e Internet. La gente debe escuchar estas advertencias y seguir las instrucciones.

Los residentes deberían prepararse para las tormentas antes de que sucedan, especialmente en áreas que son susceptibles a inundarse. Las casas deben tener un botiquín de emergencia que incluya linternas, una radio meteorológica de pilas, agua embotellada, alimentos enlatados, suministros de primeros auxilios y mantas.

Una alerta de inundación significa que las condiciones son las adecuadas para que se produzca una inundación. Una advertencia de inundación es más grave. Esto quiere decir que se producirán inundaciones serias, o que ya han comenzado.

KEEP LEFT

Las bolsas de arena pueden prevenir que el agua entre en una casa, pero no son infalibles.

Si predicen una inundación en tu área, mueve los objetos de valor a un segundo piso o ático si es posible. También debes entrar los objetos que están al aire libre, como muebles o cubos de basura. Permanece dentro de tu casa durante una inundación, a menos que tu área tenga que **evacuar.** Si tienes que evacuar, toma tiempo suficiente para llegar al refugio antes de que las condiciones para viajar se tornen demasiado malas.

Es muy peligroso estar fuera en una inundación. No camines, nades o conduzcas en zonas inundadas. El agua puede ser más profunda de lo que aparenta, o puede contener peligros ocultos como cables caídos, productos químicos tóxicos o residuos pesados.

Las inundaciones son muy peligrosas y dan miedo, pero si sigues las instrucciones y usas el sentido común, ¡tendrás una mejor oportunidad de sobrevivir a la furia de la naturaleza!

¿Sabías que...?

No se requiere una gran cantidad de agua para que ésta sea peligrosa. Solo 6 pulgadas (15 centímetros) de agua moviéndose a gran velocidad pueden tumbar a una persona. Solo 2 pies (61 cm) de agua pueden arrastrar un coche.

Glosario

aliviaderos: canales utilizados para mover el agua sobrante alrededor de una represa para que no se derrame por la parte superior

atmósfera: capa de gases que rodea a la Tierra

ciclones tropicales: tormentas arremolinadas con fuertes vientos y lluvias que se producen en las regiones tropicales del mundo

depósitos: lagos o estanques creados por una presa

diques: muro levantado a orillas de un río

energía hidroeléctrica: energía eléctrica producida a partir de la energía del agua que fluye

escombros: pedazos de algo que ha sido destruido o roto

evacuar: dejar un área debido a una emergencia

huracanes: tormentas tropicales en el océano Atlántico, mar Caribe y el Golfo de México que producen fuertes vientos y lluvias

ingenieros: quienes están capacitados para diseñar y construir máquinas o estructuras

llanura aluvial: zona de tierras bajas, planas, junto a un cuerpo de agua

marejadas: torrente de agua sobre la tierra causada por una baja presión de aire sobre el océano

meteorólogos: científicos que estudian el clima

presión atmosférica: peso del aire presionando sobre la superficie de la Tierra

radar: dispositivo que refleja las ondas de radio en los objetos para crear una imagen

represas: estructuras que bloquean el flujo del agua

satélites: nave espacial que orbita la Tierra y envía fotos u otra información

tifones: ciclones tropicales que ocurren en el noroeste del océano Pacífico

tsunami: olas gigantes del océano, generalmente causadas por un terremoto o una erupción volcánica

Índice

aliviadero(s)   30, 31, 41

ciclones tropicales   16, 17, 24

dique(s)   23, 26-28, 32, 33, 40, 41

huracán(es)   10, 16, 17, 33, 37

ingeniero(s)   23, 26, 40, 41

inundaciones repentinas   8, 39

llanura(s) aluvial(es)   14, 24, 38

lluvia(s)   4, 6, 8, 9, 14, 16, 21, 38

marejada(s)   16, 17

meteorólogo(s)   7, 34, 36-42

nieve   4, 7, 20, 21, 38

radar   34, 35, 38

represa(s)   22, 23, 26, 28-31, 40, 41

satélite(s)   34-37, 39

tifón(es)   16, 17

tormenta(s)   4, 7, 8, 14, 16, 17, 21, 33-39, 42

tormenta lluviosa(s)   8, 14, 21, 38

tsunami(s)   18, 19

Sitios de la internet

www.yourdiscovery.com/earth/water/flooding/index.shtml?cc=US

www.semo.state.ny.us/info/publicsafety/floodprepare.cfm

www.gohsep.la.gov/factsheets/floods.htm

www.noaawatch.gov/floods.php

www.simscience.org/cracks/intermediate/mintro.html

Sobre la autora

Joanne Mattern ha escrito cientos de libros de no ficción para niños. La naturaleza, la ciencia y los desastres naturales son algunos de sus temas favoritos. ¡Para ella fue muy interesante escribir *Inundaciones represas y diques!* Joanne creció a orillas del río Hudson en el estado de Nueva York y todavía vive en el área con su marido, sus cuatro hijos y muchos animales domésticos.